Mariano's First Glove
El primer guante de Mariano

By / Por
Robert Casilla

Spanish translation by / Traducción al español de
Gabriela Baeza Ventura

PIÑATA BOOKS

Piñata Books
Arte Público Press
Houston, Texas

Publication of *Mariano's First Glove* is funded in part by a grant from the Clayton Fund, Inc. We are grateful for its support.

Esta edición de *El primer guante de Mariano* ha sido subvencionada por la Clayton Fund, Inc. Le agradecemos su apoyo.

Piñata Books are full of surprises!
¡Piñata Books están llenos de sorpresas!

Piñata Books
An Imprint of Arte Público Press
University of Houston
4902 Gulf Fwy, Bldg 19, Rm 100
Houston, Texas 77204-2004

Cover design by / Diseño de la portada por Bryan Decther

Cataloging-in-Publication (CIP) Data is available.
Los datos de catalogación de la Biblioteca del Congreso están disponibles.

♾ The paper used in this publication meets the requirements of the American National Standard for Permanence of Paper for Printed Library Materials Z39.48-1984.

Printed in China by Yuto Printing
April 2023–July 2023
5 4 3 2 1

To my son Robert Casilla Jr., who enjoyed watching
Mariano pitch as much as I did.
—RC

———————————————

Para mi hijo Robert Casilla Jr. quien disfrutó al ver a
Mariano lanzar tanto como yo.
—RC

Little Mariano Rivera lived in a small house with his family in Puerto Caimito, Panama. His father was a fisherman and wanted his son to be one, too. But Mariano didn't want to be a fisherman. He loved baseball and played every day. Even though he was the youngest and smallest kid in the neighborhood, he was very quick and athletic.

El pequeño Mariano Rivera vivía en Puerto Caimito, Panamá. Su padre era pescador y quería que su hijo lo fuera también. Pero Mariano no quería eso. A él le encantaba el béisbol y lo jugaba todos los días. Aunque era el más joven y chico del pueblo, era muy rápido y atlético.

The boys were so poor they could not afford equipment, so Mariano and his friends made their own. They made gloves by cutting a hole through a piece of cardboard and then molded it to their hands. They used a straight mango tree branch as a bat. For a ball, they wrapped a rock in shredded fishing nets and tape.

Los niños eran tan pobres que no podían comprar los accesorios de béisbol, y por eso Mariano y sus amigos hicieron su propio equipamiento. A un pedazo de una caja de cartón le hicieron un agujero y lo moldearon a la forma de sus manos para hacer un guante. Usaron la rama recta de un árbol de mango como bate. Para la pelota, envolvieron una piedra con redes de pescar rotas y cinta adhesiva.

Mariano was very good at catching the ball wherever it was hit. He practiced throwing hard and hitting the ball far. But catching the hard ball with only cardboard to protect his hand hurt a lot. Although his hand was bruised and hurt all the time, Mariano kept playing. He loved the sport that much.

Mariano era muy bueno atrapando la pelota por donde fuera. Practicaba lanzarla con fuerza y batearla lejos. Pero atrapar la pelota dura con el guante de cartón le lastimaba mucho. Aunque siempre tenía la mano herida y adolorida, Mariano seguía jugando. Le encantaba tanto el béisbol.

One evening during supper, Papá noticed that Mariano's left hand was swollen. "What happened?" he asked.

"I caught a ball hit by Big Carlo."

"No more baseball until the hand is healed," Papá ordered.

"But, Papá, can I practice throwing with my other hand?"

"Okay, but be careful."

———————————

Una tarde durante la cena, Papá vio que la mano de Mariano estaba hinchada y preguntó —¿Qué te pasó?

—Atrapé la pelota bateada por Carlos, el grandulón.

—No habrá más béisbol hasta que se te alivie la mano —ordenó Papá.

—Pero, Papá, ¿puedo tirar con la otra mano?

—Está bien, pero ten cuidado.

The next day after school, Mariano set some cans up on a log and imagined they were a catcher's mitt. He tried to knock the cans down with the baseballs he threw. He tried different grips and ways to pitch the ball. He threw and threw and threw. His aim got so good that he could knock the cans down one by one.

Al siguiente día, Mariano colocó unas latas encima de un tronco e imaginó que eran el guante del cácher. Intentó derribarlas con las pelotas lanzadas. Intentó distintas formas de sujetar y lanzar la pelota. Lanzó y lanzó y lanzó. Su puntería mejoró tanto que logró derribar las latas una por una.

One day, Papá surprised Mariano with a brand-new baseball glove and a real ball. The glove was made of real leather, not of plastic or cardboard.

"Wow, thank you, Papá! I can't wait to use it in a game!"

Mariano took his mitt with him everywhere, even to bed. Sometimes Mamá hid it so that he would pay more attention in school, but Mariano always found it.

Un día, Papá sorprendió a Mariano con un guante nuevo y una pelota de verdad. El guante estaba hecho de piel y no de plástico o de cartón.

—¡Guau, gracias, Papá! ¡Ya quiero usarlo en un juego!

Mariano llevaba su guante a todas parte, hasta a la cama. Mamá tenía que esconderlo para que pusiera más atención en la escuela, pero Mariano siempre lo encontraba.

After his hand healed, Mariano finally got to use his new glove in a game. There were a lot of spectators, including his mother and father. Mariano caught every ball hit to him and even some that went to his teammates. He was like a vacuum cleaner at shortstop.

Cuando se le sanó la mano, Mariano finalmente pudo usar su guante en un partido. Había muchos espectadores incluyendo a su mamá y a su papá. Mariano atrapó todas las pelotas bateadas cerca de él e incluso algunas cerca de sus compañeros. Era como una aspiradora en el campocorto.

Mariano's team was leading 4 to 3, with the bases loaded and two outs. Big Carlos stepped up to bat. Everyone was worried that he would hit a homerun. Just then, Mariano decided to pitch. He wound up and threw as hard as he could: Strike one! He wound up and threw two more fast balls and struck Carlos out.

Mariano and his team won the game!

El equipo de Mariano iba ganando 4 a 3, cuando se llenaron las bases y había dos outs. Carlos el grandulón, siguió al bate. A todo el mundo le preocupaba que bateara un jonrón. Fue entonces que Mariano decidió lanzar. Se preparó y lanzó la pelota tan fuerte como pudo: ¡Un strike! Se volvió a preparar y lanzó otras dos bolas rápidas y ponchó a Carlos.

¡Mariano y su equipo ganaron el partido!

When Mariano graduated from high school, he went to work with his father. They fished for a week at a time or until the boat was filled with sardines. One day, the boat got so heavy, it began to sink. Mariano and the crew had to abandon the ship. That disaster convinced Mariano that being a fisherman was not for him. He wanted to be a baseball player.

Cuando Mariano se graduó de la preparatoria se fue a trabajar con su padre. Pescaban una semana a la vez o hasta que el barco se llenara de sardinas. Un día, la carga fue tan pesada que el barco empezó a hundirse. Mariano y la tripulación tuvieron que abandonarlo. Este incidente convenció a Mariano de que la pesca no era para él. Quería ser beisbolista.

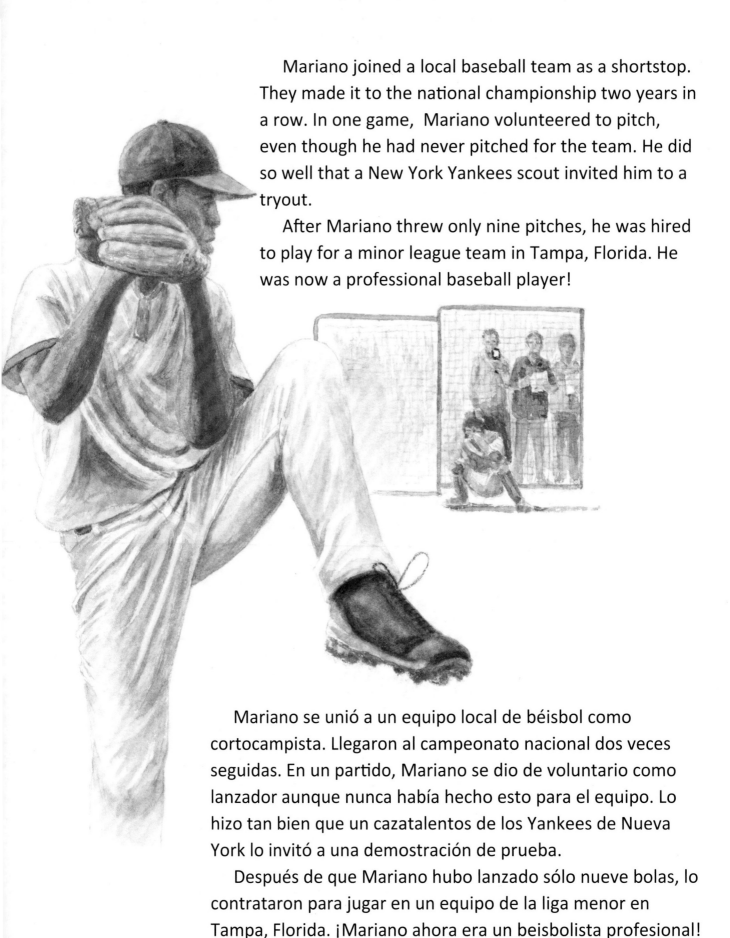

Mariano joined a local baseball team as a shortstop. They made it to the national championship two years in a row. In one game, Mariano volunteered to pitch, even though he had never pitched for the team. He did so well that a New York Yankees scout invited him to a tryout.

After Mariano threw only nine pitches, he was hired to play for a minor league team in Tampa, Florida. He was now a professional baseball player!

Mariano se unió a un equipo local de béisbol como cortocampista. Llegaron al campeonato nacional dos veces seguidas. En un partido, Mariano se dio de voluntario como lanzador aunque nunca había hecho esto para el equipo. Lo hizo tan bien que un cazatalentos de los Yankees de Nueva York lo invitó a una demostración de prueba.

Después de que Mariano hubo lanzado sólo nueve bolas, lo contrataron para jugar en un equipo de la liga menor en Tampa, Florida. ¡Mariano ahora era un beisbolista profesional!

In 1995, Mariano had signed to play in the major leagues for the New York Yankees, the greatest team in baseball history. With Mariano's amazing fast balls, the Yankees made it to the American League championship series. But the team did not make it into the World Series that year.

En 1995, Mariano había firmado con los Yankees de Nueva York en las ligas mayores, el mejor equipo en la historia del béisbol. Con las asombrosas bolas rápidas de Mariano, los Yankees llegaron al campeonato de la Liga Americana. Pero el equipo no llegó a la Serie Mundial ese año.

In 1996, Mariano was such a great relief pitcher that one time he pitched ten innings without any hits. The Yankees depended on him as a closer, the pitcher who throws for the last innings to win games. That year, Mariano helped the Yankees win the World Series.

In 1997, Mariano was the top closer for the Yankees. That same year, he created a new pitch: a "cut fastball" that went up to 97 miles per hour.

En 1996, Mariano hizo tan buen trabajo como pítcher relevista que una vez lanzó durante diez entradas sin un imparable. Los Yankees necesitaban que Mariano funcionara de cerrador, el pítcher que lanza en las últimas entradas para ganar el partido. Ese año, Mariano ayudó a los Yankees a ganar la Serie Mundial.

En 1997, Mariano era el cerrador principal de los Yankees. Ese mismo año creó un lanzamiento nuevo conocido como bola "recta cortada" de una velocidad de 97 millas por hora.

During his life playing for the Yankees, Mariano helped them win five World Series. On September 19, 2011, at Yankees Stadium, Mariano set the record for the most games saved as a closer. He saved 602 games, more than any other pitcher in history.

———————————

Durante sus años con los Yankees, Mariano los ayudó a ganar cinco Series Mundiales. El 19 de septiembre del 2011, en el estadio de los Yankees, Mariano rompió récord al salvar más partidos que ningún otro cerrador. Logró 602 partidos ganados, más que ningún otro lanzador en la historia.

Mariano retired in 2013, and in 2019 became the first major league player to be voted into the Baseball Hall of Fame with 100% of the votes. Mariano is the greatest closer in baseball history.

Mariano se jubiló en 2013, y en 2019 fue el primer jugador de las grandes ligas en ser elegido al Museo y la Galería de la Fama del Béisbol con el cien por ciento de los votos. Mariano es el mejor cerrador en la historia del béisbol.

Robert Casilla was born in Jersey City, New Jersey, to parents from Puerto Rico. He received a Bachelor of Fine Arts from the School of Visual Arts in New York City. He works from his home studio in New Fairfield, Connecticut, where he lives with his wife and two children. Robert has illustrated many multicultural children's books, such as *First Day in Grapes* (Pura Belpré Honor Award), *The Little Painter of Sabana Grande, Jalapeño Bagels, The Legend of Mexicatl* and *The Lunch Thief.* He has also illustrated a number of biographies, including ones about Dolores Huerta, Martin Luther King, Jr., John F. Kennedy, Eleanor Roosevelt, Rosa Parks, Jackie Robinson, Jesse Owens and Simón Bolívar. For more information, visit www.robertcasilla.com.

Robert Casilla nació en Jersey City, New Jersey, y es hijo de puertorriqueños. Se recibió con un título en arte de la School of Visual Arts en Nueva York. Trabaja en su estudio en New Fairfield, Connecticut, donde vive con su esposa y sus dos hijos. Robert ha ilustrado muchos libros infantiles sobre temas multiculturales, como *First Day in Grapes* (ganador del premio Pura Belpré), *The Little Painter of Sabana Grande, Jalapeño Bagels, The Legend of Mexicatl* y *The Lunch Thief.* También ha ilustrado varias biografías, entre ellas las de Dolores Huerta, Martin Luther King, Jr., John F. Kennedy, Eleanor Roosevelt, Rosa Parks, Jackie Robinson, Jesse Owens y Simón Bolívar. Para más información, visita www.robertcasilla.com.